JULES GRÉVY

PAR

EDGARD POURCELLE

AVEC UN PORTRAIT DU PRÉSIDENT DE LA RÉPUBLIQUE

50 CENTIMES

EN VENTE

AUX BUREAUX DU *PETIT MESSAGER PARISIEN*
13bis, Passage Verdeau, 13bis
PARIS

—

1886

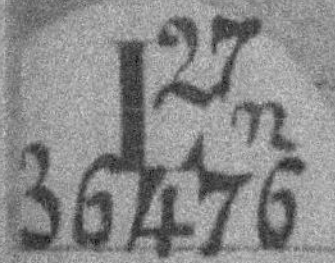

JULES GRÉVY

PAR

Edgard POURCELLE

Avec un Portrait du Président de la République.

50 Centimes

EN VENTE

AUX BUREAUX DU *PETIT MESSAGER PARISIEN*

13bis, Passage Verdeau, 13bis

PARIS

1886

JULES GRÉVY

« Je ne veux pas que la République fasse peur », disait, en 1848, M. Jules Grévy, alors commissaire du gouvernement pour le département du Jura.

Il y a trente-huit ans de cela et M. Jules Grévy, Président de la République, pense absolument la même chose : il ne veut pas que la France dont il est le premier magistrat soit apeurée par les extravagances de ces politiciens du socialisme qui crient : Mort au bourgeois! qui l'occiraient au besoin, sauf à draper son cadavre avec les plis du drapeau rouge. Son bon sens, la solidité de son jugement lui ont appris depuis longtemps qu'un peuple ne vit pas plus de fantasmagories sanglantes que de pratiques à la dynamite. On ne bouleverse pas une société avec une allumette et ceux qui ne comptent que sur les explosions et les suppressions individuelles pour réformer un pays sont des imbéciles ou des fous.

M. Grévy, qui n'est certes ni l'un ni l'autre, estime qu'un gouvernement républicain doit rassurer les intérêts plus qu'un autre. Il est pour la République juste qui, au besoin, sait se montrer aimable.

Tel est le programme de sa politique intérieure.

Si nous recherchons celui de sa politique à l'extérieur, nous le retrouverons dans la profession de foi adressée à ses électeurs du Jura en 1871 : « La République toujours; la paix, sauf revanche, par tous les moyens acceptables. »

Ce double programme est net, concis, mais il dit clairement ce que pense l'homme politique qui veut laisser tout dire, mais s'oppose à toute action subversive, ce chef d'État qui l'est, on peut le dire, malgré lui.

On sait, en effet, que ce fut M. Jules Grévy qui, représentant du peuple à l'Assemblée constituante, proposa, lors de la discussion des lois organiques, ce fameux amendement qui nous aurait épargné les tristesses et les hontes du second Empire et qui était ainsi conçu : « L'Assemblée Nationale délègue le pouvoir exécutif à un citoyen qui reçoit le titre de président du conseil des ministres. Le président du conseil est élu pour un temps illimité, il est toujours révocable. »

La majorité, menée alors par les hommes de la rue de Poitiers, repoussa l'amendement Grévy et la France eut à subir Louis-Napoléon Bonaparte pendant dix-huit ans. Le conspirateur eut toute liberté pour grimper à la Présidence de la République où, jusqu'au coup d'État, il joua le rôle de perroquet mélancolique.

A la Législative, la réaction accentue ses velléités monarchiques et, plus perspicace que le naïf Changarnier, M. Jules Grévy sentit venir le coup d'État. Il voulut le conjurer en appuyant à la tribune la proposition des questeurs qui avait pour but de garantir la représentation nationale contre l'éventualité d'un coup de main tenté par l'exécutif, en plaçant une force armée entre les mains de l'Assemblée.

Il ne fut pas plus écouté que le jour où il avait voulu écarter de la République une Présidence dangereuse.

Les monarchistes qui, en facilitant au prince bonapartiste l'accès du pouvoir suprême, croyaient établir un pont sur lequel passerait six mois après Henri V ou Louis-Philippe II, ont dû regretter depuis le vote qui les a liés à l'Empire jusqu'à la défaite de Sedan.

Le crime de Décembre consommé, M. Jules Grévy reprit sa robe d'avocat. Son talent grave et sévère, sa puissante argumentation, dédaigneuse des grandes phrases et des prétentions avocassières, le mirent bientôt de pair avec les maîtres du barreau.

En 1868, il rentre dans la vie politique. Ses électeurs du Jura lui donnent 22,000 suffrages contre 10,000 accordés au candidat officiel. Cette élection a son retentissement au Palais et il est nommé bâtonnier de l'ordre des avocats.

Aux élections de 1869, il est réélu par le même collège électoral à la presque unanimité et il se groupe autour des Cinq qui, depuis l'avènement de Louis-Bonaparte à l'Empire, avaient toujours tenu tête au régime autoritaire sous lequel la France rongeait son frein.

La République, que Napoléon III croyait avoir étranglée pour toujours, renaît, le 4 septembre 1870, en pleine invasion allemande. La France, que n'a pu relever l'indomptable énergie de Gambetta, épuisée, haletante, saignant par toutes ses blessures, signe la paix pour se soustraire à un anéantissement complet. On fait les élections et le suffrage universel donne ses voix à ceux qui lui promettent la paix quand même. M. Jules Grévy, porté candidat dans les Bouches-du-Rhône et le Jura, ne s'engage pas sans restriction honorable et c'est alors qu'il adresse à ses commettants ce programme qui se résume en deux lignes et que nous avons exhumé en commençant : « La République toujours ; la paix, sauf revanche, par tous les moyens acceptables. » C'était aussi le programme de M. Thiers, le programme de tous ceux qui jugeaient froidement la triste situation dans laquelle nous avaient jeté les fautes de l'Empire.

L'Assemblée Nationale se réunit et son premier vote consacre par 519 voix sur

536 votants l'élection du député du Jura à la présidence de la Chambre.

Ce fut M. Jules Grévy qui, de concert avec M. Dufaure, proposa de faire nommer par l'Assemblée M. Thiers chef du pouvoir exécutif. Cette proposition qui fut adoptée était la réalisation de son amendement présenté à la Constituante de 1848.

M. Grévy resta président de la Chambre du 16 février 1871 au 2 avril 1873.

A cette époque, l'Assemblée étant à Versailles, les monarchistes conspiraient à la buvette, dans tous les couloirs, sur toutes les banquettes. Leur audace levait un peu plus le nez chaque jour et ne perdait pas une occasion de s'attaquer à la République et aux républicains. Une séance vint où M. Le Royer, aujourd'hui président du Sénat, qualifia de « bagage » le rapport d'une commission franchement réactionnaire. Cette expression de bagage mit le feu aux poudres. Une insurrection de la droite éclata, dans laquelle cléricaux et royalistes se permirent d'attaquer l'impartialité du président. Outré de cette insulte, M. Grévy donna sa démission. On lui a souvent reproché ce mouvement de vivacité qui, en donnant son fauteuil à M. Buffet, favorisait la conspiration des droites décidées à éliminer M. Thiers du pouvoir.

Le siège des droitiers était fait, le courant était en plein à la réaction et sa perspicacité avait démontré à M. Grévy qu'il serait emporté par le même coup qui renversait le libérateur du territoire. C'était fatal; il n'attendit pas ce coup, il le prévint en se retirant de la présidence de la Chambre. Il reprit son banc à la gauche et son rang parmi les adversaires opiniâtres du 24 mai. Si Gambetta fut la parole et la parole agissante de la lutte contre le gouvernement de combat, M. Grévy en fut la pensée et la pensée dirigeante. MM. Buffet et de Broglie n'étaient pas de force à tenir contre ces deux adversaires. Aussi succombèrent-ils piteusement. Le 16 mai mit les mêmes adversaires en présence et l'échec de Broglie-Fourtou ne fut pas moins éclatant que celui infligé à l'accouplement, sous le même parapluie, du duc de Broglie et du roturier Buffet. Cette dernière déconfiture eut des conséquences plus graves pour la réaction : le retour des 363, la réélection de M. Grévy à la présidence de la Chambre et l'échec et mat du maréchal de Mac-Mahon, acculé à sa démission.

A la mort de M. Thiers, quand vinrent les élections de 1877, M. Jules Grévy avait été élu par le 9ᵉ arrondissement de Paris en remplacement de M. Thiers.

Il voulut rester fidèle à sa circonscription de Dôle et opta pour la cité jurassienne qui l'avait également élu.

En décembre 1877, lorsque l'Assemblée procéda à l'élection des sénateurs inamovibles, M. Jules Grévy refusa de se laisser porter sur la liste des candidats.

Son élévation à la présidence de la République n'était pas non plus de son goût, mais il a dû céder aux nécessités de la situation et à la pression du parti républicain qui mettait avec raison en lui toute sa confiance et qui échappait à peine aux dangers qu'avait fait courir à la République un chef d'Etat aussi tendre pour les monarchistes que l'avait été le duc de Magenta.

Je vois encore le spectacle réconfortant que donna, le jour de cette élection, le régime républicain au bon peuple de France.

La Chambre et le Sénat, réunis en Congrès à Versailles. Tous les élus du suffrage universel direct et tous les élus du suffrage à deux degrés assemblés dans la même salle. Les tribunes bondées de journalistes et de curieux impatients ; la foule dans la rue et dans la cour extérieure du palais. Tout le monde attendant le vote. Ah ! la séance, quoique coupée en deux, ne fut pas longue. La discussion ne traîna pas. Et en moins de deux heures le Congrès avait pourvu à la vacance de la présidence et M. Jules Grévy remplaçait à la suprême magistrature le maréchal de Mac-Mahon.

Cette élection était la consécration de la victoire des républicains. L'ère des dangers était terminée, celle des difficultés pouvait commencer ; nous avions à la tête du gouvernement un homme dont l'habile sagesse saurait les aplanir.

Des difficultés gouvernementales se sont présentées depuis que M. Jules Grévy est président de la République, principalement les difficultés que suscitent la constitution et la reconstitution des ministères. Toutes ont été aplanies, tournées et toujours vaincues.

Sa haute situation n'a pas enlevé à
M. Grévy sa simplicité de mœurs. Le céré-
monial est peu son fait; sa nature a hor-
reur du vide de l'ostentation. La France
reconnaissante a réélu M. Grévy président
de la République, le 28 décembre 1885, à
l'expiration de son septennat, et malgré
son désir de revoir ses prairies et ses bois
de Mont-sous-Vaudrey, l'endroit où il est
né il y a 74 ans (15 août 1812) et où il lui
est loisible d'accrocher l'habit officiel à la
première branche venue et de vivre en
dehors de l'étiquette, en bon et simple
père de famille, M. Grévy a accepté par
patriotisme cette lourde tâche.

A voir cette figure de bonne bourgeoisie
on ne soupçonnerait pas, au premier abord,
chez M. Jules Grévy une finesse et une fer-
meté politiques portées en si haut point.
Mais étudiez de près cette physionomie
d'une austérité placide; scrutez cet œil for-
tement encadré et que rien ne trouble;
analysez la commissure de ces lèvres qui
ne s'entr'ouvrent que pour laisser passer
de graves paroles, et surtout mesurez ce
large front admirablement modelé et vous
verrez que cette tête est d'un grand carac-

tère et d'une puissance rare. On dirait l'image de la loi.

M. Jules Grévy est un de ces hommes rares dont la République s'honore, qu'elle pourra donner en exemple aux Présidents futurs et que l'histoire saluera comme un second Washington.

Il n'aura pas affranchi son pays; il ne lui aura pas conquis sa liberté, mais, mieux que tout autre, il lui aura appris à la pratiquer sans faire peur à personne, au contraire, en la faisant aimer et respecter de tous.

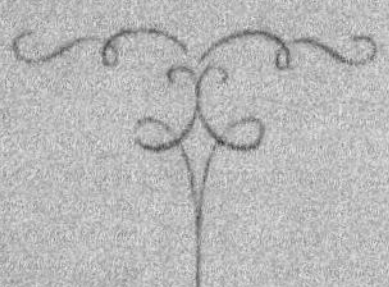

26148. — Amiens, Imp. T. Jeunet. — Boyer, Repr. 28, rue Feydeau, Paris.

16

5ᵉ ANNÉE

LE
PETIT MESSAGER PARISIEN
JOURNAL POLITIQUE INDÉPENDANT

Littéraire, Théâtral, Artistique et Financier

13ᵇⁱˢ, Passage Verdeau, 13ᵇⁱˢ, PARIS

EDGARD POURCELLE
DIRECTEUR-RÉDACTEUR EN CHEF

UN NUMÉRO : **20** Cᵉˢ | UN AN . . **10** Fʀ.

Jusqu'à ce jour le *Petit Messager Parisien* a publié les biographies de :

MM. Andrieux, About (Edmond), Baragnon, Bert (Paul), Baudry-d'Asson, Buffet, Brisson, Challemel-Lacour, Chesnelong, Clémenceau, Cochery, Amiral Courbet, Christophle (Albert), Cazot, de Cassagnac (Paul), Général de Cissey, de Gavardie, de Broglie, de Freycinet, de Lesseps, de Marcère, Général Pittié, Général de Négrier, Fallières, Ferry (Jules), Faidherbe, Gambetta, Grévy (Jules), Hébrard (Adrien), Hugo (Victor), Janvier de la Motte, Laisant, G. Lebaudy, Amiral Lespès, Lockroy, Marinoni, Pouyer-Quertier, Pasteur, Rochefort (Henri), Ranc, Rouher, Rouvier, Say (Léon), Spuller, Simon (Jules), Turquet, Wilson, Waddington.

Les numéros du journal contenant les biographies ci-dessus désignées seront envoyés franco à toute personne qui en fera la demande contre l'envoi de 50 centimes par chaque numéro.